BEI GRIN MACHT SICH IHR WISSEN BEZAHLT

AF125625

- Wir veröffentlichen Ihre Hausarbeit, Bachelor- und Masterarbeit

- Ihr eigenes eBook und Buch - weltweit in allen wichtigen Shops

- Verdienen Sie an jedem Verkauf

Jetzt bei www.GRIN.com hochladen und kostenlos publizieren

Rico Kernchen

Festplattentechnologie

GRIN Verlag

Bibliografische Information der Deutschen Nationalbibliothek:

Die Deutsche Bibliothek verzeichnet diese Publikation in der Deutschen National-
bibliografie; detaillierte bibliografische Daten sind im Internet über http://dnb.d-
nb.de/ abrufbar.

Impressum:

Copyright © 2003 GRIN Verlag, Open Publishing GmbH
Druck und Bindung: Books on Demand GmbH, Norderstedt Germany
ISBN: 978-3-640-89114-6

Dieses Buch bei GRIN:

http://www.grin.com/de/e-book/168559/festplattentechnologie

GRIN - Your knowledge has value

Der GRIN Verlag publiziert seit 1998 wissenschaftliche Arbeiten von Studenten, Hochschullehrern und anderen Akademikern als eBook und gedrucktes Buch. Die Verlagswebsite www.grin.com ist die ideale Plattform zur Veröffentlichung von Hausarbeiten, Abschlussarbeiten, wissenschaftlichen Aufsätzen, Dissertationen und Fachbüchern.

Besuchen Sie uns im Internet:

http://www.grin.com/

http://www.facebook.com/grincom

http://www.twitter.com/grin_com

Festplattentechnologie

Inhaltsverzeichnis

1 Entstehung

Die Geschichte der elektrischen Speicherung von Daten beginnt im Jahre 1878, als der Amerikaner Oberlin Smith versuchte elektrische Signale auf einem magnetisierten Draht zu speichern. 10 Jahre später, also im Jahre 1888, entschied er sich seine Erfindung der Öffentlichkeit zu schenken. Etwa zum gleichen Zeitpunkt hatte ein Däne namens Valdemar Poulsen die Idee, Daten magnetisch aufzuzeichnen. Er entwickelte eine Trommel, die mit einem Stahldraht umwickelt war. Dieser diente bereits 1889 als Anrufbeantworter. Von da an konzentrierten sich die Entwickler lange Zeit auf die serielle Aufzeichnung von Daten mit Drähten und später auch mit Band.

Als Geburtsstunde der Festplattentechnik wird allerdings der 13. September 1956 angesehen. Damals stellte das Unternehmen IBM die erste eigentliche Festplatte, mit der Bezeichnung 305RAMAC und einer Größe von 5 MByte, vor. Diese Kapazität wurde auf 50 Scheiben mit je 24 Zoll (60 cm) Durchmesser verteilt. Der Mietpreis betrug derzeit 150 US-Dollar je Monat und MByte. Im folgenden Jahr, wurde ebenfalls von IBM, das Konzept „breit schreiben, schmal lesen" eingeführt, wie es heute noch bei den MR- und GMR-Techniken eingesetzt wird.

Die erste Festplatte im 5,25-Zoll-Format wurde 1979 von der Firma Seagate gebaut. 1981 folgte SCSI[?], und 1982 entwickelte Seagate die ST506-Schnittstelle, aus der sich IDE, E-IDE[?], ATA[?] und ATAPI[?] entwickelt haben. Das ST506-Laufwerk, nachdem die Schnittstelle benannt wurde, hatte eine Kapazität von 5 MByte – genau wie das 305RAMAC-Laufwerk von 1956. 1998 präsentierte Seagate die Barracuda-Serie, die eine Maximalkapazität von 50 GByte bot. Nur zwei Jahre später waren es bereits 183 GByte, was die bis dahin übliche Steigerung von 60 Prozent im Jahr bei weitem übertraf. Von 1957 bis 1990 lag die Steigerungsrate noch bei ca. 25 Prozent im Jahr. Derzeit liegen wir in einem Kapazitätsbereich von über 430 GByte. Um dieses Fassungsvermögen zu ermöglichen mussten einige technische Hürden genommen werden, auf die in den folgenden Kapiteln näher eingegangen wird.

[?] siehe Kapitel 5 - Abkürzungsverzeichnis

2 Elemente

2.1 Aufbau der Festplatte

Festplatten (auch HDD: Harddisk Drive) sind Laufwerke, die Daten magnetisch auf mehreren, im Gehäuse untergebrachten, Scheiben speichern und auf diese beliebigen Zugriff bieten.

Sie unterscheiden sich äußerlich meist nur durch ihre Bauform, wobei die Frontbreite, die maximale Gehäusetiefe und die unteren sowie seitlichen Befestigungspunkte definiert sind. Die Art und die Position der Schnittstellen (IDE oder SCSI) ist ebenso spezifiziert. Im Gegensatz dazu ist die Bauhöhe, der innere Aufbau und die technische Ausstattung nicht festgelegt.

Bild 1
Elemente: Darstellung der einzelnen Komponenten eines Festplattenlaufwerks.

Die magnetisierten Platten im Inneren sind genau (konzentrisch) übereinander gelagert und drehen sich immer gleichzeitig. Ein Schreib-/Lesekopf wird zur jeweils benötigten Stelle bewegt, damit Daten gelesen und gespeichert werden können.

2.2 Plattenmaterial

Die Scheiben bestehen aus Runden sehr dünnen Aluminiumplatten (ca. 1 Millimeter), auf die eine dünne Eisenoxid-Schicht aufgetragen ist, welche durch Magnetisierung Daten speichern kann. Durch die geringe dicke kann bei schnell drehenden Platten durch die Fliehkräfte eine Materialwanderung auftreten, weshalb schnell rotierende Festplatten einen geringeren Durchmesser besitzen.

Stabilere Materialien, wie zum Beispiel Glas oder Keramik, konnten sich im Massenmarkt noch nicht durchsetzen, weil sie noch teurer sind und ungelöste technische Probleme bereiten.

Zunächst wurden Scheiben aus Glas hauptsächlich für kleinere Platten in mobilen Systemen eingesetzt. In der nahen Zukunft soll allerdings ein Übergang von Aluminium zu Glas und

Glaskeramik erfolgen.

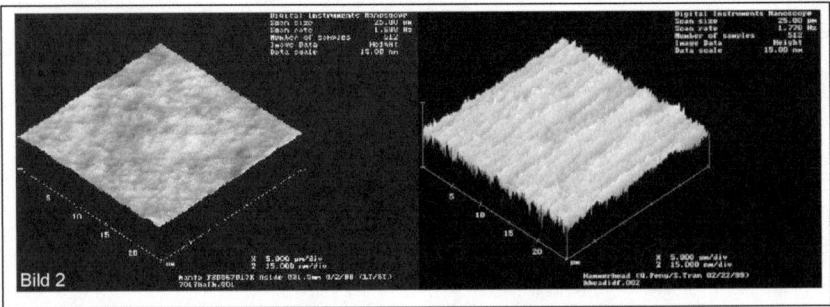

Bild 2

Oberflächlich: Unter dem Rasterelektronenmikroskop erkennt man die Rauheit herkömmlich hergestellter Platten (rechts). Mit Glaskeramik-Substraten (links) sind deutlich glattere Oberflächen möglich.

2.3 Einteilung der Platte

Die Plattenoberfläche ist in Spuren, in Form von konzentrischen Kreisen eingeteilt. Die Spuren sind wiederum in Sektoren (Sector) aufgeteilt, die eine feste Größe von 512 Byte besitzen. Zur leichteren Adressierung fasst man häufig mehrere Sektoren zu so genannten Clustern zusammen.

Bei Festplatten mit mehreren Platten bilden die geometrisch übereinander liegenden Spuren einen Zylinder (Cylinder). Dazu werden die Köpfe (Head) gemeinsam auf die anzusprechende Spur positioniert. Das hat den Vorteil, dass beim Schreiben größerer Datenmengen, diese nicht nacheinander auf verschiedene Spuren einer Platte, sondern gleichzeitig auf jeweils dieselbe Spur der unterschiedlichen Scheiben gespeichert werden. So ist eine höhere Performance möglich, da die Umschaltzeiten zur Ansteuerung der Köpfe wesentlich geringer sind als eine mechanische Neupositionierung eines Kopfes.

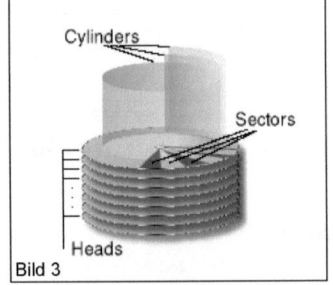

Bild 3

Plattenstapel: Da jeder Kopf zu einem Zeitpunkt dieselbe Spur betrachtet, bilden die übereinander liegenden Suren einen Zylinder.

In den Außenbereichen einer Platte sind die konzentrischen Spuren länger als in der Nähe der Achse. Aus diesem Grund liegen auf den äußeren, längeren Spuren mehr Sektoren als auf den inneren. Wären die Sektoren dagegen Segmente mit gleichem Winkel, so hätte dies eine Verschwendung von Speicherkapazität auf den äußeren Spuren zur Folge.

3 Funktionsweise

3.1 Schreib-/Leseköpfe

Am Ende des Aktuators` sitzen die Kopfeinheiten, die extrem kleine und komplexe Gebilde sind. Sie müssen im Betrieb in einer Flughöhe von etwa 25nm ohne eine Berührung der sich drehenden Platte schweben. Die Bestrebung hierbei ist, die Flughöhe so niedrig wie möglich zu halten, da der Kopf somit stärkere Signale lesen und schreiben kann. Die bisher niedrigste erreichte Flughöhe liegt bei 15nm - jedoch nur für kurze Strecken. Eine weitere Herausforderung bei den geringen Flughöhen ist die Montage der Scheiben. Jede eintretende Unwucht führt zu einer möglichen Platte-Kopf-Berührung, und somit wiederum zu einem Head-Crash. Um dies zu verdeutlichen, hier ein Beispiel: Vergleicht man die Flughöhe der Köpfe und die Drehgeschwindigkeit der Platte mit realen Größen, so entspricht dies einem Jumbojet, der mit mehrfacher Schallgeschwindigkeit im Abstand von etwa 1 bis 2 Metern über den Boden rast.

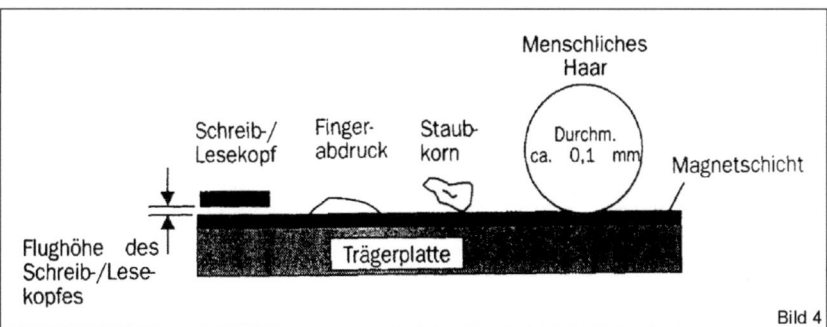

Bild 4

Tiefflug: Der Abstand zwischen dem Schreib-/Lesekopf ist so klein, dass dazwischen geratende Staubkörner die Oberflächen beschädigen würden. Daher werden Festplatten grundsätzlich in einem abgeschlossenen Reinluftgehäuse betrieben. Das Öffnen defekter Festplatten unter Normalatmosphäre zerstört die Festplattenfunktion.

Aufgrund der hohen Drehzahlen (5.400, 7.200, 10.000 und sogar 15.000 U/min), konnte sich allerdings das so genannte Contact Recording - das Schleifen des Kopfes auf der Oberfläche - wie es bei Floppy-Laufwerken eingesetzt wird, bisher nicht durchsetzen. Dazu benötigt es besonderer Oberflächenschutzschichten auf dem Medium und am Kopf. Das ist bei den wesentlich niedrigeren Drehzahlen im Floppy-Laufwerk wesentlich leichter zu bewerkstelligen als bei den schnell drehenden Festplatten.

` siehe Kapitel 5 - Abkürzungsverzeichnis

3.2 MR- und GMR-Technologie

Eine Kopfeinheit besteht aus zwei Teilen, dem Induktivkopf zum schreiben und dem MR- oder GMR-Kopf zum lesen. Der Induktivkopf besteht aus einer Spule mit einigen Windungen aus einer Leiterbahn auf einem Halbleiterplättchen. Er schreibt eine breite kräftige Spur. Der schmalere MR- oder GMR-Kopf liest zuverlässig auch noch schwache Signale in der Mitte der geschriebenen Spur.

Der MR- oder GMR-Kopf besteht aus mehreren übereinander gelegten Schichten mit unmagnetischen Zwischenlagen. Er macht sich zunutze, dass sich der Widerstand von bestimmten Materialien wie Nickel-Eisen-Verbindungen im Magnetfeld ändert. Der Widerstand ist direkt abhängig von der Stärke des Magnetfelds, d.h. für ein Signal ist keine direkt abhängige Flussänderung wie bei Induktiv-Köpfen nötig.

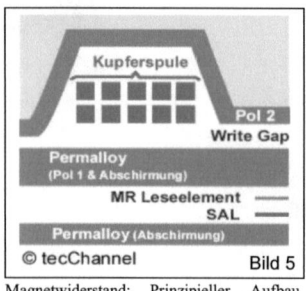

Magnetwiderstand: Prinzipieller Aufbau eines MR-Kopfes in der Seitenansicht.

Die magnetischen Lagen des MR-Kopfes sind unterschiedlich vormagnetisiert. Ein magnetischer Impuls kippt je nach 0- oder 1-Orientierung die erste magnetische Schicht und erzeugt dadurch mit der Magnetschicht zusammen ein relativ kräftiges Signal. Ein Auslösesignal von halber Stärke genügt also für ein kräftiges Vollsignal. Weitere Effekte wie ein geringeres Grundrauschen und eine kleine Bauform sind zusätzliche positive Eigenschaften dieser Technik.

Die GMR-Köpfe sind noch effektiver, sie nutzen die Quanteneffekte der Elektronen aus. Das magneto-resesive Element besteht hierbei aus mehreren, zum Teil nur wenigen Atomlagen dünnen Schichten, die folgende Bezeichnung tragen: Sensing Layer, Conducting Spacer, Pinned Layer und Exchange Layer. Die magnetische Richtung des Pinned Layer ist fest vorgegeben und wird durch den Exchange Layer gefestigt. Im GMR-Element gibt es demnach zwei Zustände, je nachdem, wie die Speicherzellen ausgerichtet sind.

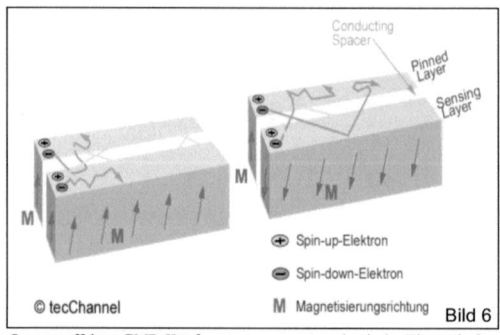

Quanteneffekte: GMR-Köpfe nutzen quantenmechanische Eigenschaften der Elektronen, die je nach Magnetfeld und Spin unterschiedlich gestreut werden.

5

Ist das gesamte GMR-Element einheitlich magnetisiert, so können die Elektronen mit positivem Spin· ungehindert das Element durchlaufen. Elektronen mit einem negativen Spin werden im Pinned Layer und im Sensing Layer so abgelenkt, dass diese nicht zum Stromfluss beitragen.

Sind die beiden Layer unterschiedlich magnetisiert, so tragen weder die Elektronen mit positivem noch mit negativem Spin zum Stromfluss bei. Das GMR-Element besitzt in diesem Fall einen sehr hohen Widerstand.

3.3 Optimierungen

Aus der Form der Bitzellen, breit und kurz in der Bewegungsrichtung, ist erkennbar, dass bei der Spurbreite noch erhebliche Reserven zur Verfügung stehen. Werden die magnetischen Zellen senkrecht gestellt, dann passen mehr davon in die gleiche Fläche. Deshalb wird seit vielen Jahren am "vertical recording" geforscht, wobei es jetzt deutliche Fortschritte bei dieser Technik zu geben scheint. Stellt man die Magnetbits nicht senkrecht sondern schräg, so benötigt man nur die Hälfte der Schreibenergie. Dadurch lassen sich die hartmagnetischen Materialien mit einem vertretbaren Aufwand beschreiben.

Weitere Versuche finden auf dem Gebiet die Flughöhe der Köpfe zu reduzieren statt. Hierbei ist man bestrebt die Flughöhe der Köpfe auf eine Distanz von 3,5 nm zu reduzieren. Dabei dürfen die Deck- und Gleitschichten auf der Platte und auf dem Kopf dann nur noch etwa 1 nm dick sein.

· siehe Kapitel 5 - Abkürzungsverzeichnis

4 Zukünftige Entwicklungen

Mit dem Gedanken, höhere Speicherdichten zu erreichen, wurde schon öfter über optische Plattenlaufwerke nachgedacht. Bisher sind aber mit den magnetischen Techniken höhere Dichten preiswerter zu erreichen. Dazu kommt noch, dass optische Medien zu langsam beim Zugriff und bei der Übertragung von Daten sind. Auf optischen Medien werden stoffliche Veränderungen (wie bei einer CD-RW) genutzt, die unterschiedliche Reflexionswerte zur Folge haben. Diese Zustandsänderungen dauern deutlich länger als eine Ummagnetisierung der Bitzellen auf einem magnetischen Medium.

Eine weitere Überlegung ist es holografische Effekte für die Speicherung zu nutzen. Sie scheint sehr viel versprechend, hat aber noch lange nicht die Marktreife erreicht. Gelänge es jedoch, so könnte die Speicherdichte durch dreidimensionale Speicherung erheblich gesteigert werden. Erste Meldungen über einzelne Laborergebnisse existieren bereits. So berichtete IBM beispielsweise schon Ende 1999 von einer Zusammenarbeit mit Bayer im Bereich holografischer Speichertechnologien. Festplatten sollen dann bis zu 1024 GByte je Scheibe fassen können.

5 Abkürzungsverzeichnis

Aktuator   Komponente einer Festplatte, die zum Positionieren des Schreib-/Lesekopfes beiträgt

ATA   Advanced Technology Attachment

Eine Spezifikation zum Anschluss von Festplatten an den AT-Bus.

ATAPI   ATA Packet Interface

Die Erweiterung der ATA-Spezifikation für den Betrieb von CD-ROM-Laufwerken an der IDE-Schnittstelle

E-IDE   Enhanced Integrated Disc Electronic

Obwohl der Begriff E-IDE in den ATA-Spezifikationen nicht explizit auftaucht, hat er sich im Sprachgebrauch eingebürgert. E-IDE ist somit auch kein Standard, sondern vielmehr ein Oberbegriff für eine Vielzahl neuer Features, die in den einzelnen ATA-Spezifikationen verabschiedet wurden. Ursprünglich nannte der Festplattenhersteller Western Digital seine Vision einer schnelleren IDE-Schnittstelle Enhanced IDE und behielt ihn als Marketingnamen bei. Der Abschnitt Übergang von IDE nach EIDE erläutert den Quasi-Standard.

MR/GMR   Giant Magnetoresistive

Eine von IBM entwickelte Technologie für Schreib-/Leseköpfe bei Festplatten, die die Quanteneffekte der Elektronen ausnutzt. Die Köpfe bestehen aus mehreren Schichten. Bei gleicher magnetischer Ausrichtung der Schichten können Elektronen mit positivem Spin die Schichten passieren. Elektronen mit negativem Spin tragen nicht zum Stromfluss bei. Bei unterschiedlicher magnetischer Ausrichtung können keine Elektronen die Schichten durchqueren.

SCSI   Small Computer System Interface

Allgemeine Bezeichnung für SCSI-1 bis -3 und CCS (Common Command Set). SCSI ist ein Bus (Kanal) vorwiegend zum Anschluss von Peripheriegeräten an Rechner/Server.

Spin   Eigendrehimpuls

Elementareigenschaft des Elektrons, die Grundlage aller magnetischen Effekte ist.

6 Quellenverzeichnis

6.1 Internetquellen

http://www.computerlexikon.com

http://www.dino-center.de/dtechnik/hardware/festplatten.htm

http://wwwagss.informatik.uni-kl.de/Projekte/Squirrel/ext2rfs/da-node8.html

http://www.linuxfibel.de/installbefore.htm

http://www.lrz-muenchen.de/services/schulung/unterlagen/pckurs/

http://www.tecchannel.de/hardware/641/index.html

http://www.tomtomweb.de/technik/festplatte.htm

6.2 Bildquellen

Bild 1 : http://www.lrz-muenchen.de/services/schulung/unterlagen/pckurs/

Bild 2 : http://www.tecchannel.de/hardware/641/7.html

Bild 3 : http://www.linuxfibel.de/installbefore.htm

Bild 4 : http://www.awb.tu-berlin.de/Studium/Lehrunterlagen_und_Pruefungsleistungen/
Daten-_und_Info-Verarbeitung/3._Infouebertragung/3.2_Speicher_Archivierung/
_uebersicht.html

Bild 5 : http://www.tecchannel.de/hardware/641/5.html

Bild 6 : http://www.tecchannel.de/hardware/641/6.html